MÚSICA CULTURA POP ESTILO DE VIDA COMIDA
CRIATIVIDADE & IMPACTO SOCIAL

OS MUTANTES

© Leila Lisboa, 2021

Nenhuma parte desta publicação pode ser reproduzida, armazenada ou transmitida para fins comerciais sem a permissão do editor. Você não precisa pedir nenhuma autorização, no entanto, para compartilhar pequenos trechos ou reproduções das páginas nas suas redes sociais, para divulgar a capa, nem para contar para seus amigos como este livro é incrível (e como somos modestos).

Este livro é o resultado de um trabalho feito com muito amor, diversão e gente finice pelas seguintes pessoas:

Lineu Vitale (capa e consultoria gráfica), Gustavo Guertler (edição), Gabriela Heberle (capa), Juliana Rech (diagramação), Germano Weirich (revisão) e Anderson Fochesatto (tratamento de imagens).

Textos
Pesquisa, informações técnicas e textos sobre Liminha e Serginho: Dado Nunes
Rita Lee em Mutantes Hoje: Simoni Bampi
Arnaldo Dias em Mutantes Hoje: Sonia Maia

Agradecimento especial a Tatiana Canarinho, do Studio Canarinho, pela gentileza de conservar e ceder os arquivos da primeira edição de *A Hora e a Vez*.

Obrigado, amigas e amigos.

2021
Todos os direitos desta edição reservados à
Editora Belas Letras Ltda.
Rua Coronel Camisão, 167
CEP 95020-420 – Caxias do Sul – RS
www.belasletras.com.br

Dados Internacionais de Catalogação na Fonte (CIP)
Biblioteca Pública Municipal Dr. Demetrio Niederauer
Caxias do Sul, RS

L769m	Lisboa, Leila
	Os Mutantes : a hora e a vez / Leila Lisboa. - Caxias do Sul, RS : Belas Letras, 2021.
	224 p. : il.
	ISBN: 9786555370768
	ISBN: 9786555370751
	1. Os Mutantes (Conjunto musical). 2. Músicos de rock - Brasil – Biografia. 3. Rock (Música). I. Título.
21/29	CDU 784.4(81)

Catalogação elaborada por
Vanessa Pinent, CRB-10/1297

Leila Lisboa

OS MUTANTES

A HORA E A VEZ

Memórias fotográficas

> Que nada nos limite,
> que nada nos defina,
> que nada nos sujeite.
> Que a liberdade seja
> nossa própria substância.

Simone de Beauvoir

Dedicado aos meus grandes amores: WANDA – a mãe
PEDRITA – a filha
LUNA – a neta
ANTONIO – o neto

SUMÁRIO

15 Introdução

17 Prefácio - Liminha

18 Minha viagem com os Mutantes, por Thunderbird

23 São Paulo, setembro de 1970

37 Guarapiranga, zona sul de São Paulo, outubro de 1971

51 Clube Sírio, zona sul de São Paulo, 1971

69 Saquarema, litoral do Rio de Janeiro, 1971/1972

81 Parque da Água Branca, zona oeste de São Paulo, 1972

95 Teatro Oficina, bairro do Bixiga, São Paulo, julho de 1972

107 Serra da Cantareira, norte de São Paulo, agosto de 1972

129 Cambé, Paraná, 1973

153 Palácio das Convenções do Anhembi, São Paulo, maio de 1973

175 Miscelânea anos 70

210 Mutatis Mutandis Os Mutantes, 2021

217 Agradecimentos

NOTA DO EDITOR

Este livro foi originalmente lançado em 2015 por Leila Lisboa, de maneira independente, incentivada por fãs dos Mutantes. As imagens que a autora registrou vieram à tona pela primeira vez nessa publicação, em uma pequena tiragem que se esgotou rapidamente e se tornou uma espécie de relíquia, disputada por colecionadores na internet.

Em setembro de 2020, tive a oportunidade de conhecer essa história graças ao amigo Sérgio Reis Alves, grande profissional do mercado do livro que me conectou com Lineu Vitale, músico e publicitário de sucesso nos Estados Unidos que também conviveu com Os Mutantes e grande amigo de Leila. Desde então, iniciamos as tratativas para uma nova edição, com novo projeto gráfico, novo tratamento de imagens, capa dura e fotos adicionais.

Leila viveu a cena hippie dos anos 60 e 70 e conheceu a intimidade dos Mutantes como poucos. A memória da música brasileira terá uma dívida eterna com ela. Leila não só estava lá em alguns dos momentos mais importantes da história do Brock, mas, mais importante, estava lá com uma *máquina fotográfica*, em um tempo em que isso era uma raridade.

Leila registrou cenas que nenhum outro fotógrafo conseguiria, por seu acesso privilegiado, como você vai ver. Ela estava basicamente capturando imagens íntimas de amigos, momentos afetivos, sem imaginar a importância que essas cenas teriam algum dia.

Eram tempos completamente diferentes para a tecnologia. Há cenas, por exemplo, em que Leila tinha como única iluminação do ambiente uma vela acesa, e o que sairia na foto ela só descobriria depois de revelar os negativos.

Decidimos manter essas imagens considerando seu valor histórico e afetivo, portanto. Leila manteve esses negativos da melhor forma possível durante 50 anos e conseguimos aplicar um tratamento digital com mínima interferência nessas imagens. Há também depoimentos de amigos de Leila – agora nossos amigos também, por que não? – lembrando de pessoas e épocas que marcaram gerações e, no final, um conteúdo extra muito especial: um resgate de como Os Mutantes estão em 2021, ou seja, cinquenta anos depois.

Esperamos que com esta nova edição você possa entrar na intimidade de uma das maiores bandas brasileiras, como se folheasse um álbum de família.

Boa leitura!

INTRODUÇÃO

Pensei muito sobre a introdução deste livro. Tantas pessoas que poderiam escrever sobre nossa época de magia, valentia e amor... Éramos destemidos e invencíveis!

Não consegui ficar com um só e resolvi fazer uma homenagem a vários personagens que conviveram comigo e/ou com Os Mutantes de um jeito ou de outro, juntando seus depoimentos ao longo do livro. O resultado foi surpreendente. Soube de histórias que desconhecia, lembrei de passagens que me escaparam da memória. Emoção e risadas.

Esta é uma nova edição do livro que lancei em 2015, revisada e ampliada, com mais recordações da grande época dos anos 60/70, com novas fotos, grandes músicas e amizades indeléveis. Conclui que somos finitos e a arte, não.

Um livro único e memorável, disponível a um número muito maior de leitores e admiradores dos Mutantes e de sua história preservada.

Algumas fotos não foram clicadas por mim, mas por amigos que participaram dessa jornada, portanto com a mesma importância histórica. Agradeço muito a todos que enriqueceram este livro com seus cliques.

Leila Lisboa

PREFÁCIO

O sonho acabou. Quem não dormiu no sleeping bag nem sequer sonhou...
(Gilberto Gil)

Felizmente, no meio daquelas viagens Timothy Learyanas, estava Leila com sua Pentax em punho registrando momentos mágicos que ficarão para sempre.

Os Mutantes, essa banda do caralho (sorry), fruto da Tropicália, cortejada por Kurt Cobain, Sean Lennon, David Byrne, Beck e tantos outros jovens amantes de coisas alternativas, ganhou esse presentaço... belo documento!

Na página 114, o registro de um ensaio na Serra da Cantareira onde a moçada já mostrava um pezinho no progressivo...*&%$#!

Leila, Lucia Turnbull, Rita Lee e eu, recém-chegados de Notting Hill Gate, estávamos com a corda toda. Vimos coisas incríveis... Londres fervia, parecia um sonho, um filme... viagens, shows, cinema elétrico, cabelos, roupas, atitude, arte, tudo era novo pra nós.

A foto mostra os meus pedais no baixo, que não eram comuns na época, o Minimoog de Rita, o Mellotron de Arnaldo, novidades fantásticas. As invenções do nosso querido Professor Pardal (Cláudio César) nas mãos de Sérgio, a poderosa Ludwig de Dinho - todo um cenário que legitima nossa ousadia e fome pela tecnologia. Arte pura, sem medo, sem censura (de nossa parte) e com maldade...

Ainda lembrando Londres...

Lyceum Theatre, Genesis, Crystal Palace, Edgar Winter, primeiro som que vimos ao ar livre e quase morremos do coração. Rainbow Theatre, Joe Cocker com Alan White na bateria, RoundHouse, Jeff Beck Group, Little Richard.

Por aqui, ficávamos frustrados com a semicortina de ferro baixada pelos militares, um verdadeiro duelo da ditadura com a contracultura... choque cultural total. Só podíamos combater com nossa música. Queríamos festivais sem competição, tipo Woodstock, Monterey, Ilha de Wight...

Aparecem nestas páginas amigos, agregados, comunidade hippie, os primórdios de Saquarema, nossos carros nada convencionais, nossas viagens, jangada no meio da Guarapiranga (quase morremos no ralo da represa, tá tudo aí...).

Leila sempre leve, linda, descolada, tinha um Ford 1950 vintage, show!!!

Xonei geral!!!

Enquanto os Mutantes ainda moravam com os pais, ela já tinha alugado um apartamento onde ela e eu fomos morar... ("Zé" era o nome do apartamento).

Leila Lisboa, só gratidão!

MINHA VIAGEM COM
OS MUTANTES

Thunderbird

Os Mutantes fizeram minha cabeça desde quando eu era criança. A história da banda é riquíssima, cheia de aventuras, repleta de conquistas, desvios de rota e polêmicas. Mais que relatar a biografia de Os Mutantes, eu quero falar do quanto eles me influenciaram. Aliás, a mim e ao mundo.

Sean Lennon, Beck, Kurt Cobain. Três gringos que piraram, assim como eu, no som de Os Mutantes. A banda inglesa The Bees fez uma versão de "A Minha Menina", o músico texano Devendra Banhart já fez declarações de apreço também. Todas as bandas de rock brasileiras mais legais que conheço reconhecem que eles foram fundamentais pra história do rock nacional.

A família Baptista, residente na rua Venâncio Aires, no bairro da Pompeia, em São Paulo, vizinha à família do guitarrista Luiz Carlini, outro expoente gigantesco do rock brasileiro, tinha a música no sangue. A mãe dos irmãos Baptista era pianista clássica e isso certamente ajudou na formação deles. Rita Lee, que morava na Vila Mariana, também em São Paulo, teve uma iniciação precoce, tendo aulas com Magdalena Tagliaferro.

Se os Baptista tinham um projeto musical chamado "Wooden Faces", Rita tinha o trio "Teenage singers". A união desses dois grupos resultou em outro grupo, o "Six Sided Rockers". Mais tarde, a banda seria batizada como "O'Seis". Até lançaram um compacto simples com esse nome. Mais adiante, a banda foi reduzida aos dois irmãos Baptista e a jovem Lee, atendendo pelo nome de "Os Bruxos".

Mas entrou um amigo deles na história, Ronnie Von, que sugeriu o nome "Mutantes", prontamente aceito, àquela altura, pelo trio formado por Rita Lee, Sérgio Dias e Arnaldo Baptista. Eles estrearam na TV, no programa "O pequeno mundo de Ronnie Von", e foram efetivados como atração permanente na TV Record.

Aqui cabe uma explicação. A música era atração principal nas emissoras de TV no Brasil. Quase todas tinham seus festivais de música, programas com apresentadores que eram, antes de tudo, músicos. Eu, ainda criança, assistia a todos os festivais. Acho que foi assim que conheci Os Mutantes, ao lado de Gilberto Gil, no festival de 1967. Eu já tinha ganhado meu primeiro violão Di Giorgio, assistia a todos os programas que tinham música como tema, "Jovem Guarda", "O Fino da Bossa", "O pequeno mundo de Ronnie Von", entre outros. A presença de Os Mutantes era impressionante, aqueles roqueiros cabeludos e bem-humorados. Rita, lindíssima, alguns instrumentos bizarros para a época, guitarra elétrica, baixo elétrico, tudo muito sedutor para uma criança que já amava os Beatles.

Depois da apresentação espetacular de Os Mutantes com Gilberto Gil, era inevitável que aqueles jovenzinhos se aproximassem da Tropicália. Assim foi, sendo convidados a participar do disco/manifesto *Panis et circensis*, ao lado de Caetano Veloso, Gal Costa, Nara Leão, Tom Zé, Capinam, Gilberto Gil e do maestro Rogério Duprat, que seria decisivo para a sonoridade da banda. Apenas escute que você vai entender tudo.

O Brasil passava por um período muito difícil, durante a ditadura militar. Havia uma polarização entre os artistas engajados, os alienados, e o pessoal da Tropicália, que escolheu um jeito mais sofisticado e estiloso de se manifestar artisticamente sobre o que acontecia no país.

Foi em 1968 que eles gravaram e lançaram o primeiro disco, *Os Mutantes*, muito influenciados pela psicodelia. Os três jovens, muito talentosos, tiveram a sorte de contar com o maestro Rogério Duprat. O que seria dos Beatles sem George Martin? O que seria de Os Mutantes sem Rogério Duprat? Ouvindo o primeiro álbum, fica claro que o experimentalismo, as orquestrações e as composições são muito ousados. Sérgio já mandava brasa com efeitos fuzz na sua guitarra. Aliás, o irmão mais velho, Cláudio, era responsável por efeitos incríveis, utilizados por Sérgio. Outra conquista que Os Mutantes exibiriam num futuro próximo seria seu equipamento muito sofisticado para a época, no Brasil. Amplificadores, instrumentos importados, um sistema de som próprio para apresentações ao vivo.

Lembro que eu via Os Mutantes nas propagandas da Shell. Eram filmes publicitários muito loucos, que conquistavam o público jovem. Quantos adolescentes se apaixonaram pela ideia de ter uma banda de rock nessa época? Eu já tinha me decidido, certamente!

A cada apresentação de Os Mutantes em festivais de música, eles vinham com mais confiança e ousadia. Eu sempre esperava algo diferente deles. Inesquecível o dia em que Rita Lee e Arnaldo Baptista foram no programa de Hebe Camargo comunicar seu casamento oficialmente. Todo mundo assistia ao programa da Hebe. Eles rasgaram a certidão de casamento ao vivo! A gente tem que imaginar que, se hoje o Brasil parece conservador, naquela época a caretice era gigantesca. Nem havia divórcio por aqui. Mas nada podia deter Os Mutantes!

Já no segundo disco, o trio vira quinteto com a entrada de Liminha no baixo e Dinho na bateria. A banda só ganhou com isso, o que fica evidente no segundo álbum. O primeiro show na França projeta a banda no exterior. Foi lá mesmo que eles gravaram o disco *Tecnicolor* em inglês, visando o mercado internacional. No ano seguinte vem meu disco preferido: *A Divina Comédia Ou Ando Meio Desligado*. Apenas ouça! Na verdade, acho que tenho cinco discos preferidos de Os Mutantes!

No disco *Jardim Elétrico*, de 1971, havia um outro fenômeno. O rock psicodélico estava em transição para o rock progressivo. Bandas como o Yes já estavam bem encaminhadas pelo prog-rock. Era uma febre mundial, com King Crimson, Gentle Giant, Jethro Tull, Focus, Emerson, Lake and Palmer e o próprio Yes, que viria a influenciar a futura sonoridade de Os Mutantes. Acontece que, pra fazer rock progressivo, uma banda tinha que ter certo virtuosismo instrumental e disposição de arriscar com composições mais herméticas e menos comerciais. O rock progressivo nacional nunca foi um fenômeno pop no Brasil. Os jovens preferiam comprar discos de bandas gringas, deixando as brasileiras em segundo plano.

O último disco sem essa predominância progressiva foi *Mutantes e Seus Cometas no País do Baurets*, mas nesse álbum já ouvimos solos de Minimoog, viagens mais elaboradas nos arranjos. Ainda podemos ver uns lances mais próximos de Sly And The Family Stone na faixa "Dune Buggy", por exemplo.

A separação de Rita Lee da banda foi, pra mim, traumática. Mas acho que foi inevitável e até bom pro rock brasileiro. Rita já estava lançando discos solo, com a presença de Os Mutantes na ficha técnica, inclusive! Se Os Mutantes se voltaram para o rock progressivo, Rita fez o caminho oposto, montando a dupla Cilibrinas do Éden com a guitarrista Lucinha Turnbull. Na sequência, Rita estaria na companhia de outros roqueiros com a banda Tutti Frutti.

Já Os Mutantes gravaram em 1973 *O A e o Z*, que só foi lançado em 1992. O quarteto se separaria depois desse álbum. O destino da banda seria cada vez mais progressivo, com o lançamento do disco *Tudo Foi Feito Pelo Sol*, em 1974, com Sérgio Dias como único "Mutante original" na sua formação.

Arnaldo gravou com a banda Patrulha do Espaço, depois gravou um dos discos mais interessantes dos anos 70, *Loki?*, que é reverenciado até hoje.

Liminha se tornou um dos melhores produtores musicais da indústria nacional, atuando nas bandas de rock dos anos 80 e com artistas consagrados da MPB, como Gilberto Gil.

Curioso que Os Mutantes nunca deixaram de estar presentes no som das festas jovens. Isso acontece até hoje. Nas minhas discotecagens eu sempre escolho uma ou duas músicas deles pra compor o setlist. O sucesso é garantido!

Foi em 2004 que levei o Sérgio Dias no meu programa de rádio Tapa Na Orelha. Falamos bastante dos planos futuros, inclusive da possibilidade de uma reunião dos membros originais para um show comemorativo. Eu havia assistido a um show do Sérgio no Sesc Ipiranga, anos antes, quando ele tocou algumas músicas do repertório de Os Mutantes. Foi tão emocionante ver o som deles bem executado ao vivo que a ideia de rever a formação original era muito interessante mesmo.

Isso só aconteceu em 2006, sem a presença de Rita Lee, nem Liminha. Teria sido muito especial se estivessem todos lá, mas Zélia Duncan assumiu o vocal feminino, Arnaldo estava nos teclados, Dinho na bateria, e a estreia foi em Londres com casa lotada. Foi um sucesso e o show aconteceu em outras ocasiões, inclusive em São Paulo, no festejo do aniversário da cidade.

Depois de um tempo, Arnaldo e Dinho se desligaram de novo da banda. Mas o trabalho prosseguiu, com Sérgio Dias liderando novos músicos. Sempre houve uma cobrança de um trabalho inédito de Os Mutantes e esse disco foi gravado e lançado em 2020. A nova empreitada leva o nome de *Zzyzx* e traz 11 músicas e um novo ânimo para Os Mutantes.

Tenho que lembrar do renascimento da psicodelia no cenário musical mundial. Bandas como Tame Impala, Pond, King Gizzard & the Lizard Wizard, Children Collide, Temples, Animal Collective, MGMT, Ariel Pink e as brasileiras Boogarins, Bike e Glue Trip trazem na sua sonoridade algum componente já utilizado por Os Mutantes. Eles fizeram história!

Há de se ressaltar o trabalho jornalístico e artístico da Leila, que trouxe imagens importantes da biografia da banda. Este livro é fundamental para os fãs e para novas gerações que estão conhecendo Os Mutantes agora. Eu, como seguidor da arte musical deles, viajei nas fotos, ouvindo minha banda de rock predileta. Um brinde a eles.

Luiz Thunderbird é músico, produtor musical, apresentador de TV, youtuber e podcaster.

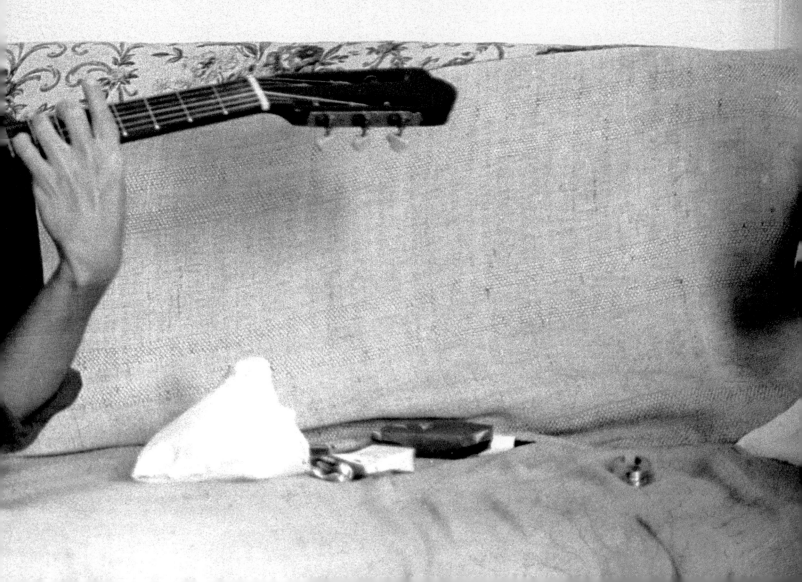

SÃO PAULO, setembro de 1970

Esta e as fotos a seguir foram clicadas por Lineu Vitale em um dia descontraído na casa de Suely Chagas, uma das integrantes do grupo O'Seis. Os Mutantes desfrutam de um dia na companhia de seus amigos mais próximos.

> **Eu vivi Os Mutantes na época mais descontraída deles, só alegria. Lineu, melhor amigo do Liminha na época e muito próximo da turma, soube captar momentos de plena alegria e cheios de graça. As fotos falam por si. Seguimos amigos até hoje. Assim era o tempo todo. Folia total. Ferpa querido… Saudades.**

Dinho, Rita, Richard e Ferpa, estilosos.

Serginho levantando voo na echarpe.

Rita e seus personagens.

Rita curtindo com a cara do fotógrafo ao lado de Liminha e Serginho.

DEPOIMENTOS

Pedrita,
filha da autora

" Adoro, amo ser filha da Leila! Vejo as fotos e tenho aquela sensação familiar! Chego a ter flashback de cheiros e sons, muito som... Em casa sempre tinha gente feliz, muita música (boa música) e cachorros. Cresci com amor, respeito e liberdade. Seus amigos sempre foram meus amigos e muitos continuam até hoje. Nada como ter sido apresentada às coisas mágicas da infância, da vida. Adoro ser amiga de tanta gente boa, ter crescido com valores tão verdadeiros, os que realmente importam. Fico tão orgulhosa das suas memórias que também viraram minhas, pois vejo nelas emoção, sinto as imagens, lembro outras tantas. Por isso, me sinto muito feliz de estar aqui. Ter o livro nas mãos é guardar herança na mesinha de cabeceira. Você merece demais! Love you. "

Alice Turnbull,
afilhada da autora

❝ Com os olhos conversávamos. Coisa que não se explica, para além das minhas não memórias, afinal era ainda um bebê. Mas basta uma revirada nos álbuns de fotografia da família para entender que estávamos mergulhadas uma na outra. Olhares fixos e profundos. Alter mater. E foi assim, através do olhar, que descobri e continuo descobrindo a Leila. Hoje, já não trocamos mais esses olhares, mas a encontro em seus registros. Mergulho agora em seu olhar mais amplo, porém sempre cálido, de seu universo fantástico. É esse quê mágico que faz com que seus registros sejam suficientes para sentir que a distância é só uma ilusão. ❞

Lucinha Turnbull,
guitarrista e cantora

❝ Leila teve e sempre terá papel fundamental na minha memória afetiva. Nos conhecemos em 1968, através da Sarah, uma amiga em comum. Sou madrinha da filha dela e ela da minha. É uma pessoa doce, inteligente e amiga leal, além de muito divertida. Vivemos muitas aventuras, fizemos inúmeras viagens e a máquina fotográfica estava sempre a tiracolo. Eu a apresentei aos Mutantes, ela se juntou à tchurma… o resto é história! Seus olhos de mel capturam o momento exato e ela tem aquela capacidade de quase não ser vista ao fotografar. Registrou momentos históricos com rara sensibilidade. Falaria horas sobre ela (as histórias são muitas), mas creio que, aqui, as imagens falam por si. Um luxo! Mas luxo mesmo é ter a amizade da Leila. É uma grande alegria ver, finalmente, este livro sair da gaveta e entrar nas casas dos afortunados que o adquirirem. Beijo, querida amiga, é "nóis"! ❞

Ritchie Court,
cantor e instrumentista inglês, muito amigo da banda

❝ Conheci a Leila em junho de 1972, em Londres, onde ela passava férias ao lado do namorado e baixista dos Mutantes, o Liminha. O casal mal falava inglês e eu ainda não sabia uma palavra sequer de português, mas havia entre nós uma comunicação instantânea na combinação de gestos e olhares. Com a Leila, escalei montanhas no País de Gales, atravessei a New Forest e vi discos voadores em Saquarema. Ela era a fotógrafa oficial da banda Scaladácida (além dos "Muts") e por um tempo vivemos todos juntos numa "casa-comuna" em Tremembé da Cantareira (ela já era casada, na época, com nosso baixista Sérgio Kaffa). Doce amiga, sempre com sua intrépida câmera à mão, Leila acabou por flagrar as raízes do rock nacional, numa época em que viver disso no Brasil era considerado "coisa de Loki". ❞

**GUARAPIRANGA,
zona sul de São Paulo,
outubro de
1971**

Pouco antes de se mudarem em definitivo para a Serra da Cantareira, Os Mutantes frequentavam a casa de dois amigos que moravam na represa de Guarapiranga. Com certa experiência de vida, Gilberta e Paulo Sri, ou simplesmente Gi e Xiri, eram um pouco mais velhos que a turma dos Mutantes e já tinham morado fora do Brasil. Seguiam uma vida saudável e eram os hippies mais hippies em toda sua essência.

Dessa casa tenho boas recordações e lembranças muito engraçadas. Uma vez, resolvemos construir uma balsa com câmaras de pneus para passear na represa. Ideia do Arnaldo, claro. Puseram uma vela de um pano qualquer e fomos lá para a aventura. Levamos umas bananas e só. O Xiri disse, brincando, que caso nos perdêssemos ele acenderia uma fogueira para nos guiar… Ok, bacana.
Fomos a Rita, o Leo, o Arnaldo, a Lilian e eu na tal da balsa a vela. Muito bom, divertido, até que chegamos num ponto em que a represa ia virar um poço – e começamos a remar enlouquecidamente de volta porque o vento estava a favor do outro lado. Demos uma paradinha em uma ilha onde comemos bananas e fomos comidos por mosquitos – e que ficou conhecida entre nós como Ilha dos Mosquitos. Anoiteceu e não tínhamos ideia de onde estávamos quando vimos ao longe um foguinho… Foi a glória. A balsa já estava se desfazendo e, ao entrarmos na baía da casa da represa, tivemos de fazer o resto do percurso a nado. Todos estavam na prainha super preocupados, o Liminha bravíssimo porque não queria que eu tivesse ido e nós aliviados pelo final feliz. O Xiri não se esqueceu da fogueira e nos salvou de uma noite infernal (mais do que já estava).

A casa de Gi e Xiri na represa de Guarapiranga, Riviera, com o símbolo de Paz e Amor pintado visível para todos que navegavam pelas águas da represa.

Cláudio Prado

" Conheci Os Mutantes em Londres, em 1970, na casa de Gilberto Gil, que eles estavam visitando. Londres fervilhava com a explosão da contracultura hippie, que desencadeou uma consciência coletiva político-cultural pós-rancor (Paz e Amor!). Eu estava profundamente comprometido com essa luta que mudaria o mundo e afinidades profundas me aproximaram de Arnaldo, Sérgio e Rita.

Em 1971, voltei para São Paulo e comecei a frequentar os dois QGs dos Mutantes, que eram na casa dos pais da Rita, na Vila Mariana, e na Cantareira, onde o quarto mutante e Professor Pardal Cláudio fabricava a sonoridade mágica da banda. Eram muitos amigos e rolava um astral fantástico. Leila estava em todas e tudo fotografava.

Das conspirações infinitas que rolaram entre um baseado e outro, foi nascendo uma parceria que resultou em momentos importantíssimos para a afirmação da identidade dos Mutantes e que, ao mesmo tempo, coincidem com o começo do rock no Brasil. Montamos a primeira banda com equipamento e técnico de som, roadies e uma estrutura de produção para cair na estrada. Pode parecer estranho hoje, mas não existia isso no Brasil. O vácuo criado pela ditadura impediu a continuidade do que o Tropicalismo tinha começado a fazer anos antes. Nenhuma banda musical caiu na estrada. As gravadoras lançavam seus artistas no fatídico programa Fantástico, numa deformação fatal para a saúde da música brasileira que levou anos para se desfazer.

Nessa época, produzi com Os Mutantes dois eventos que simbolizam o momento tão louco do Brasil. O que vivíamos era muito mais dramático do que o que estamos vivendo agora, no sentido de que não havia luz nenhuma no fim do túnel… mesmo! A única informação que circulava era a que recebíamos pela TV Globo e pelos jornais. Se alguém tivesse profetizado a internet, seria taxado de louco de hospício.

O primeiro desses eventos foi um concerto chamado Rock no Infinito, que fizemos no Teatro Tuca. Os Mutantes fechavam a noite que tinha Néctar, uma fantástica banda de rock progressivo, uma banda da África do Sul que passava por aqui, a mitológica banda que acompanhou Gil no disco *2222* (Lanny, Tutti Moreno, Bruce e Perna), o Urubu Roxo, a banda do pessoal do Teatro Oficina do Zé Celso. Foi a primeira vez no Brasil que tivemos no palco uma mesa de som de 16 canais! O primeiro show com muitas bandas. Tinha máquina de cheiro, efeito visual bolha (inédito por aqui, na época), capas de super-herói distribuídas para o público. A divulgação foi no boca a boca, não tínhamos a menor ideia se ia ter público. Superlotou.

O segundo evento nasceu do sucesso do show do Tuca. Nos nossos delírios "canábicos", imaginamos uma carreta que virasse palco, que sairia fazendo shows gratuitos pelo Brasil afora, com um patrocinador pagando tudo. Isso não existia na época: nem show de graça em praça pública, muito menos com patrocinador pagando por isso. Éramos cabeludos e cabeludos eram suspeitos de tudo e mais alguma coisa. Mas nossos delírios utópicos resultaram na aparição de um ônibus com palco em cima, que nos foi emprestado. Fizemos um mítico show em Guararema, com mais de quatro horas, que mexeu com a cidade toda.

Enfim, aquela época foi todinha magistralmente registrada pela Leila e este livro traz tudo isso à tona de forma fantástica! "

A famosa cadela Dani Danone, da Rita Lee, e o Zé Mané, cãozinho da casa da represa, amigos inseparáveis.

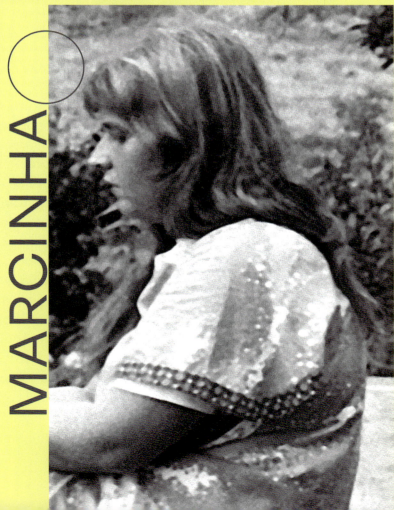

MARCINHA

DEPOIMENTOS

Dado Nunes,
amigo, baixista, historiador dos Mutantes, divulgador da banda

"Os Mutantes entraram na minha vida meio que de repente, num momento em que eu jamais poderia crer que houvesse uma sonoridade que eu admirasse num grupo de rock brasileiro. Quanta ingenuidade minha. Mal sabia eu que Os Mutantes estavam em pé de igualdade com os meus heróis da gringa. Como qualquer grupo que eu admiro, fui atrás de materiais para saber mais e mais sobre a história do grupo e me deparei com a divertidíssima biografia de Carlos Calado – *A Divina Comédia dos Mutantes*.

Ao ler o livro, percebi que muitas das fotos do grupo eram da, na época, namorada do baixista Liminha, Leila Lisboa. E eu imaginava: que demais se alguém pudesse um dia ver essas fotos. E felizmente pudemos tornar isso verdade, quase 20 anos após ler o livro que mencionei.

A Leila se tornou uma grande amiga, mesmo antes de a gente se conhecer pessoalmente em agosto de 2013. Foram tantas histórias divertidas que ela abriu para mim e minha esposa. Um dia memorável. Detalhe: ela levou uma série de lâminas para que eu pudesse ver, mesmo que em tamanho reduzido, fotos de shows dos Mutantes.

Dois anos depois estávamos lá, lançando o tão sonhado e batalhado livro com as fotografias inéditas dos Mutantes. Uma noite memorável que me levou às lágrimas por ver o grande sonho de minha amiga realizado. Foram tantas pessoas envolvidas, mas agradeço a ti, Leila, de coração, por toda confiança, carinho e amor dispensados neste projeto."

Márcia Lancellotti,
amiga íntima da banda, artesanato era seu forte (RIP)

"Me emociono ao lembrar como éramos livres e leves naqueles anos pesados da ditadura. Me orgulho de ter feito parte dessa turma, dessa história."

Simoni Bampi,
divulgadora e administradora da mídia social dos Mutantes

❝ Para quem é fã dos Mutantes, estar presente em um projeto relacionado ao grupo é honroso, motivo de alegria e também deleite. Nesse clima nasceu o projeto do livro *A Hora e a Vez* (2015), que tirou dos arquivos da Leila um conteúdo exclusivo e inédito, apresentando aos fãs 130 imagens que permitiram reviver parte da trajetória da banda mais icônica da música brasileira.

Leila, Dado e eu fomos incansáveis durante três meses de intenso trabalho, somando forças para divulgar o trabalho. No final do processo, uma festa maravilhosa numa noitada excelente coroou o lançamento do livro.

O projeto mobilizou fãs de diversas partes do mundo, tanto pela importância do resgate histórico quanto pela linguagem universal, rica em informações e significados, capaz de colocar cada um naquele momento, com aqueles personagens, naquela época.

Esse fascínio dos fãs pelos registros fotográficos dos Mutantes e seus integrantes serviu de estímulo para Leila resgatar, organizar e trabalhar na seleção de material até então intacto, que agora está pronto para ser desbravado pelos fãs do mundo inteiro.

A Hora e a Vez, nesta segunda edição, além de fotos exclusivas e inéditas, resgata informações, conta detalhes e curiosidades, e acima de tudo, compartilha sentimentos. ❞

Lilian Turnbull,
irmã de Lucinha e namorada de Dinho na época

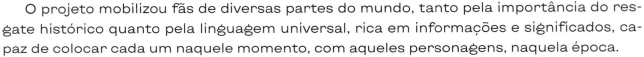

❝ Muitas lembranças da época vivida junto aos Mutantes e à Leila. Eu era tipo a mascote do grupo, 14/15 anos. O que me deixou uma super lembrança foram as viagens pelo interior de São Paulo, quando eles tocavam no ônibus elétrico, a gente acampava e curtia muito. A Leila cuidava muito de mim, o tempo todo, sempre por perto. Todos tinham medo que eu fizesse não sei o quê! E me chamavam de a filha do Dinho, pois ele tinha oito anos a mais que eu – na época, era muita diferença. Leila estava sempre com sua máquina pendurada no pescoço, qualquer que fosse a situação: yes, sempre pronta! ❞

Thales Magalhães,
irmão de Thomaz Magalhães (RIP), ambos amigos da banda

" A percepção da Leila Sznelwar, através de suas observações e lentes carinhosas, capta uma era dourada, tipo fenômeno de uma música de jovens muito criativos que circulavam entre as nuvens baixas de São Paulo, do Brasil e de Paris, o centro mundial cultural da nossa era. Excepcional trabalho da Leila. "

Alaor Neves,
baterista, tocou com várias bandas importantes, inclusive com Sérgio Dias

" Com muita satisfação, aceitei o convite para dar esse depoimento para o livro da Leila Sznelwar, querida e talentosa fotógrafa, estimada amiga de longa data. O faço com imenso prazer e emoção, pois sempre reputei a época, no livro muito bem retratada, como um dos mais importantes momentos da nossa música popular, protagonizado por uma das mais, se não a mais importante banda já produzida no país.

Os Mutantes são, na minha forma de conceber e entender arte, uma revelação grata de um momento único da sociedade brasileira, de uma época historicamente muito difícil, mas também muito lírica e romântica, extremamente alinhada com as tendências artísticas mais relevantes e transformadoras da nossa história recente, ecoando até os dias de hoje.

É muito bom saber que este projeto saiu dos arquivos pessoais da autora e será compartilhado eternamente com novas gerações, servindo de referência, por fomentar a curiosidade histórica em torno de um trabalho que realmente fez a diferença naqueles dias conturbados e bastante difíceis da história artística brasileira. Enfim, o livro com arquivos de imagens de ensaios e de apresentações antológicas é único. "

Nico Queiroz,
músico, repórter, assessor de imprensa e amigo da banda

" Trabalho com rock desde sempre. Como músico, repórter, produtor, assessor de imprensa e tiete. Acompanhei o rock por dentro. Posso afirmar que o nome mais mágico do cenário musical brasileiro é Os Mutantes. Sempre foi. Convivi com eles nos tempos loucos e coloridos da década de 70 e acompanhei a incrível trajetória dos três pelas décadas seguintes. Conheci Leila Lisboa Sznelwar, minha querida amiga Leilinha, em meio à euforia "mutântica", sempre com uma máquina fotográfica nas mãos. Ela participou da banda e fotografou a turma nos momentos mais inesperados e íntimos. Graças aos deuses e à Leila, podemos ter este livro fantástico. Podemos trazer de volta e curtir a magia de uma época. A magia de uma banda que fez a trilha sonora de nossos sonhos mais loucos: Os Mutantes. "

CLUBE SÍRIO,
zona sul de São Paulo,
1971

Rita Lee estreando um novo par percussivo: as robustas congas ocuparam o lugar dos bongôs já surrados que estavam em cena desde 1969. Os Mutantes durante a apresentação de "Top Top" no Clube Sírio.

"

Já como parte do próximo álbum gravado – *Mutantes e seus Cometas no País do Baurets* – os Mutantes seguem se apresentando no país e cada vez com mais novidades que se tornam chaves importantíssimas para os exigentes irmãos Baptista e seus companheiros.
Foi um show engraçado. O espaço era mínimo, o Dinho mal podia se mexer, Rita e Serginho na beirinha do palco, Arnaldo se equilibrando e os equipamentos em cima de cadeiras. Mesmo com todos os obstáculos, tudo era alegria. Eles eram muito engraçados.

"

ARNALDO

Arnaldo agora não mais martelava o seu inseparável órgão Vox Continental, mas um poderosíssimo Hammond L100 (Porta-B), dando ainda mais peso e riqueza ao som dos Mutantes. Acima do órgão, percebemos o raríssimo Clavinet Hohner C, presente em canções como "Dune Buggy" e "Beijo Exagerado" e, também, em álbuns posteriores.

DINHO

Dinho Leme havia adquirido seu kit de bateria quando os Mutantes fizeram uma longa temporada no fim de 1970, no mítico Olympia, em Paris. Sua Ludwig Rock Duo permanece como uma das mais emblemáticas entre os roqueiros dos anos 70.

LIMINHA

Liminha seguia se apresentando com a guitarra-baixo de ouro Regulus, capturado nesse momento usando apenas 4 cordas, ao invés das costumeiras 6, vistas em guitarras barítono.

RITA ○

SERGINHO

Serginho, mago da guitarra brazuca, agora empunhava sua segunda guitarra modelo Raphael. Ao invés do acabamento em cor natural, a Regulus Raphael II possuía um tom *golden sunburst*. Entre as novidades eletrônicas, trazia mais recursos entre filtros, distorcedores e captadores hexafônicos. Uma guitarra de fazer inveja a qualquer amante do instrumento.

DEPOIMENTOS

Lineu Vitale,
baixista, amigo pessoal de Liminha e dos Mutantes

" A importância dos Mutantes para o rock brasileiro, mantidas as devidas proporções, se compara à da Bossa Nova para a música popular. O rock estava com força total no mundo todo com a invasão inglesa. Eu surfava nessa onda tentando imitar Paul McCartney no meu baixo. A Jovem Guarda revelava novos talentos pop. Mas Serginho, Arnaldo e Rita, e mais tarde Liminha e Dinho, eram músicos à frente da sua época e criaram um estilo próprio. Inovadores, criativos, virtuosos, tinham um som alegre e diferente. Um sabor brasileiro com tempero inglês. Longe dos palcos, eram alegria, diversão, viagens (se é que vocês me entendem!) e amizade. Durante algum tempo, tive a sorte de conviver com esse grupo de amigos que chamávamos de "a nossa turma". Foi quando conheci Leila. Havia um sonho inocente em todos nós, ao ponto de acreditarmos que conseguiríamos mudar o mundo, durante um regime político opressor. Não era um sonho inconsciente. Nos tornamos profissionais de sucesso. As imagens captadas por Leila resgatam a memória fotográfica da maior banda brasileira de todos os tempos. O trabalho da Leila, agora em nova edição com imagens inéditas, não é uma biografia. É um documentário, é um livro de recordações, é um registro de uma época quando o perigo vinha dos quartéis, não das ruas, mas mantínhamos a esperança devido às mensagens cifradas do movimento artístico. Ainda bem que temos este álbum de recordações para nos ajudar a relembrar o sonho. "

Fabio "Gaz" Gasparini,
guitarrista do Mona, Sunday, Scaladácida e Magazine

" Quando em 1968 nos aproximamos do ainda trio dos festivais da TV Record – Os Mutantes –, eu, Próspero Albanese e Gerson Tatini, do grupo Mona, éramos apenas músicos admiradores, buscando captar um pouco do talento e fazer parte daquele movimento. Os seguíamos nos shows, no Divino Maravilhoso, de Caetano e Gil, na TV Tupi, no Parque da Água Branca, por toda parte.

Aos poucos aceitos, passamos a frequentar a casa da Venâncio Aires, da amável e notável pianista dona Clarisse, alguns ensaios e o Ford Fairlane do Arnaldo. Mas ainda não existia Leila por ali. Pelo menos, não para mim.

A relação dos Mutantes e Leila comigo só viria a acontecer no ano de 1972, quando um frequentador do ambiente "Muts", Sérgio Kaffa Sznelwar, e um peculiar recém-chegado cidadão inglês, Ritchie Court, bateram à porta de minha casa. Literalmente assim e sem aviso, apenas apareceram. Desse encontro, junto a Azael Rodrigues, iniciamos nossa jornada musical Scaladácida.

E de repente, do nada, como mágica, uma pessoa passou a fazer parte do cenário. Leila, namorada, depois casada com Kaffa, tinha sempre uma câmera fotográfica pendurada no ombro. Aonde quer que fôssemos, lá estava ela registrando tudo. Sem chamar muito a atenção, mas flagrando o que se passava em nossa rotina rocker.

Graças à sua percepção em fotografar o que acontecia à nossa volta, hoje temos este registro histórico valioso sobre um período marcante na música e no comportamento. Arquivos antes reservados sobre uma geração bem particular e todo habitat ao redor dos Mutantes.

Não fosse pelas fotos de Leila, por pouco não ignoradas e perdidas, talvez muito do dia a dia e seus relacionamentos casuais do que agora é enaltecido como um dos momentos mais ricos e inventivos da nossa música, cultura e costumes, poderia ter passado em branco. No mínimo, seria bem mais pobre.

Tirando os festivais, o restante do que acontecia na cena Mutantes era praticamente ignorado pela mídia vigente. Muito diferente dos dias atuais, o que fazíamos naquela época era quase marginal. Rock era underground com pouca cobertura. Porém, passados alguns anos, foi redescoberto por uma nova geração, ávida em conhecer, absorver e recriar tal fenômeno artístico, inclusive em outras partes do mundo.

Daí a importância do trabalho de Leila nesta obra. Atuante e cúmplice no âmago dos eventos, nos processos criativos, nos shows e performances antológicas, na icônica casa da Cantareira, enfim, em todo nosso "way of life". Aquela era Nossa Turma! Estas imagens e relatos só se tornam viáveis, quase um pequeno milagre, por causa do talento perseverante de Leila.

Para mim, Leila Lisboa Sznelwar é a repórter incidental de uma geração. Além de nos inspirar e incentivar, sempre. Nas fotos deste livro, ela continua sua influência sutil e presente. A mesma personagem vibrante daquela turminha. 🟡🟡

SAQUAREMA,
litoral do Rio de Janeiro,
1971/1972

Enquanto Rita e Arnaldo se casavam em São Paulo, Leila e Liminha aproveitaram a pequena pausa e foram curtir uns dias em Saquarema, no estado do Rio de Janeiro.

Existem poucos registros dos dois, mas alguns bastante emblemáticos, como as fotos a seguir.

É uma delícia recordar coisas boas, leves, cheias de carinho e amor. Está no passado? Claro que sim... Mas uma boa lembrança nunca se perde.

"Saquarema era um lugar mágico. Foi lá, durante meus frequentes acampamentos, que conheci esse ser humano especial, o pescador Celso. Com ele aprendi os segredos da pesca. O carinho que ele tinha por mim e por Liminha, e mais tarde por minha filha Pedrita, pequena na época, era algo extraordinário. Por várias noites armava sua pequena fogueira na praia e dormia a uma distância razoável de nossa barraca para garantir nossa privacidade e segurança. Deixou saudade."

Liminha... longe dos palcos, curtindo a vida na praia de Saquarema.

Liminha e Leila na Praia Grande com seu buggy vermelho.

Foto muito comentada como a "selfie dos anos 70". Liminha clicou com minha câmera.

DEPOIMENTOS

Tereza Kawall,
astróloga, superamiga da banda

❝Quando lembro ou leio algo sobre a época em que estava bem próxima aos Mutantes, sempre vem uma sensação boa, e, sobretudo, de alegria. A Mutantolândia, como bem definiu o Peninha Schmidt, era um mundo à parte – quem viveu sabe, quem não viveu ouviu falar e também curtiu de algum modo. Nada escapava aos olhares irônicos e irreverentes da Rita, do Arnaldo e do Sérgio, que trinca, que energia! Época de desbunde, tudo era uma grande folia, e bastante teatral. Tudo se transformava numa "viagem": o calor, as tempestades, as estradas de terra, o silêncio da noite estrelada e, claro, a música ecoando por todos os quatro pontos cardeais. Sim, havia momentos difíceis, as "bad trips" ocorriam, o tempo fechava e chegavam as nuvens cinzentas; junto, uma aflição: e agora, o que fazer?

A Serra com sua natureza generosa nos protegia, assim como a divina providência. Chego a pensar que nossos anjos da guarda terminavam seus dias realmente exauridos...

Mas havia também um clima de solidariedade, afinal, estávamos surfando uma grande onda desconhecida e supostamente perigosa. Mas se jovens não pensam em perigos, por que nós haveríamos de pensar ou temer? Tudo teve o seu preço e para alguns foi bem alto, bem sabemos.

Quem me apresentou à trupe foi o Sérgio Kaffa. Num belo dia, saímos todos à noite, em seus buggies e jipes transados, em direção a uma lanchonete para comer cheeseburger. Fui andando rápido na frente e não vi uma grande porta de vidro na entrada! A cabeçada foi tão forte que caí sentada na calçada, sem rumo. Claro que todos me cercaram e deram uma sonora gargalhada da minha cara. E foi assim meu batismo de fogo para entrar na tal Mutantolândia.

Havia a Dirce, a Kombi do Arnaldo, que carregava a turma toda de Sampa para a Serra e vice-versa, uma espécie de lotação pra lá de psicodélica. Lembro também do Tenório, um grande caminhão que transportava os instrumentos, equipamentos e os técnicos para os shows. Nossas roupas eram coloridas, bordadas à mão, compradas em brechós, aquela estética hippie toda, saias e lenços indianos, muitos penduricalhos, incensos etc.

Ao ver a moçada hoje com cabelos curtíssimos, devo confessar que tenho saudades daqueles longos e fartos cabelos dos moçoilos. Fazer o quê?

Nosso *Zeitgeist*, o espírito de uma época, dos anos 60 e 70, trazia uma enorme inquietação, uma revolução nos costumes, uma alegria ingênua e uma impressão – ou a promessa – de que o mundo seria mais livre, com menos regras, hipocrisia e guerras. Sou feliz por fazer parte dessa geração que dormiu no sleeping bag e sonhou bastante.

Entre 1976 e 1980, morei com Liminha no Rio de Janeiro. Hoje, moro em Sampa. Temos uma filha, Nina, e dois netos, Léo e Enrico. Eles são os frutos dessa época deliciosa em que tudo acontecia ao vivo e em cores, com muita música, sem TV de plasma, sem internet, celulares e parafernálias digitais... Inesquecível!

Sabine Shoof,
hoteleira, restaurateur, namorada de Sérgio Dias na época

Eu tinha 16 anos e estava passando minhas férias na Ilha Bela (estudava no Waldorf Schule) com mais 4 amigas, lá no Viana, quando chegaram 3 cabeludos em um Lorena lindo. Achei o máximo, mas não os conhecia porque eu não tinha TV em casa... Minhas amigas sabiam quem eram: Arnaldo, Sérgio e Dinho dos Mutantes.

Encantei-me pelo Sérgio e combinamos de nos encontrar em São Paulo. Foi então que minha vida mudou, saí da escola e fui morar com ele em questão de meses. A casa da Cantareira ainda estava em construção e nós ficávamos na casa dos pais dele, enquanto isso. O ano foi 1969, mais ou menos na mesma época que a Leila conheceu o Liminha e a Lilian o Dinho.

Tudo é mais colorido e mais intenso quando temos 16 anos, uma bela história que durou 5 anos. Lembro-me de alguns detalhes interessantes, como quando passamos meses montando juntos uma guitarra.

Outra memória foi a festa incrível na represa quando o Caetano voltou do exílio... Engraçado foi que o Sérgio falou pra gente não comer nada e tomar só coca-cola, pois os bolos eram todos feitos de maconha... Na época, éramos bem caretas nesse sentido, mas a fama nos perseguia: maconheiros e malucos, e a Leila estava lá com o Liminha. Depois nos adaptamos...

Conheci pessoas e artistas incríveis como o Ravi Shankar, um iluminado. Os irmãos Peticov, que foram sempre bem chegados... e assim vai a lista.

Conhecer a Leila e a Lilian foi muito legal, nossa amizade era bem gostosa e nos sentíamos irmãs. Foi incrível ver a Leila fotografando tudo, eu a achava super legal, porque sempre admirei os fotógrafos que guardam para nós as lembranças do passado e por isso este livro é tão importante, faz com que a emoção sobreviva, é muito mais que um documento! Vem carregado de emoção!

Parabéns por ter sido tão lúcida enquanto todos viajavam e deixaram de dar importância ao que acontecia naquela época. Acho que os meninos (Sérgio, Liminha e Dinho) tiveram sorte em encontrar esse trio de meninas lindas e do bem!

PARQUE DA ÁGUA BRANCA, zona oeste de São Paulo, 1972

O show realizado no Parque da Água Branca ficou marcado como "o show dos cachorros", já que foi realizado durante uma exposição de cães do Kenel Clube de São Paulo. Era o lançamento do álbum *Mutantes e seus Cometas no País do Baurets*, que só chegaria às lojas no mês seguinte – a censura atrasou em dois meses o seu lançamento.

Uma das canções chegou a ter sua letra vetada por completo. A canção "Beijo Exagerado" se chamava "Casa da Mônica", que falava sobre um prostíbulo em Porto Alegre, e precisou ter sua letra completamente alterada. "Cabeludo Patriota" teve seu nome mudado para "A Hora e a Vez do Cabelo Nascer" – e parte de seus versos também foi mudada.

Experiência com fotos coloridas, como pedia a ocasião. Um dia de sol, balões, cãezinhos por todo o gramado, público cheio de cores e brilhos.

Serginho, Rita e Arnaldo relaxando antes do show.

Rita, Arnaldo e Serginho. Arnaldo estava utilizando apenas seu Clavinet Hohner C.

Rita, instantes antes da apresentação começar. Ao fundo, parte do backline e PA dos Mutantes.

Peninha, no dia em que foi chamado para ser técnico de som dos Mutantes, e Arnaldo montando seu próprio equipamento.

Paulo auxiliando na montagem da bateria.

Serginho, Xiri e Rita antes do início do show no Parque da Água Branca.

Lucinha Turnbull, Lilian Turnbull e Xiri junto ao público, aguardando por mais uma apresentação do grupo.

TEATRO OFICINA, bairro do Bixiga, São Paulo, julho de 1972

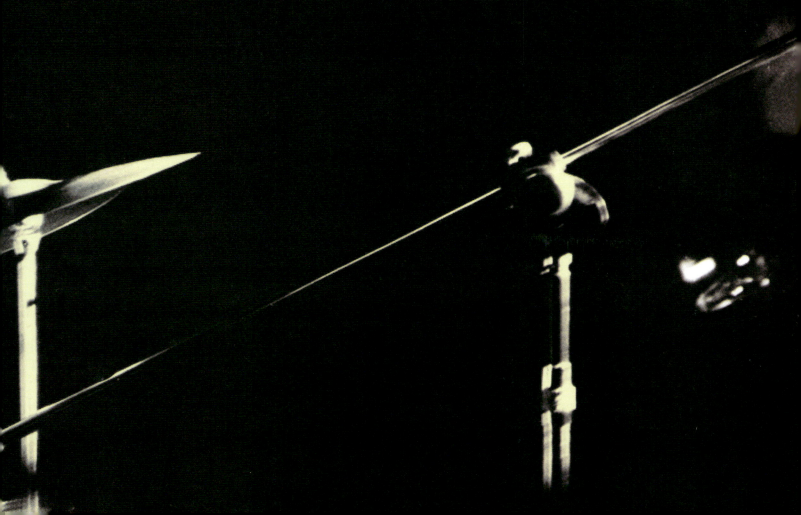

Rita imitando tubarão. Uma das muitas caretas que Rita fazia o tempo todo. Durante a passagem de som, o clima era sempre descontraído.

"Revolisom" era um show musical promovido pelos atores do Teatro Oficina – parte de uma tentativa de tornar o Oficina não apenas um local de apresentação de textos dramáticos, mas também um espaço multicultural, onde se pretendia montar um restaurante, um bar, um laboratório fotográfico, um cinema e um ateliê de pintura. A estreia do projeto contou com um espetáculo dos Mutantes.

> **Boas lembranças do Teatro Oficina... No meio da folia, montamos um grupo das meninas, chamado "Baseado Nelas", e ensaiamos uma música. Só isso já foi engraçado, pelo fato em si. Rita na bateria, Lucinha de perna quebrada na guitarra, Lilian Turnbull nos teclados (ajudada por Arnaldo nos acordes) e eu no baixo... Não há fotos porque eu estava no palco tocando. Brincadeira que gerou muita risada e foi inesquecível. Vários ensaios e nenhuma apresentação oficial – que eu me lembre...**
> **Uma graça das meninas.**
> **O teatro estava lotado e o som exageradamente alto. Só pra quem gosta mesmo. Eu gosto ainda hoje. Aquele fotógrafo que aparece em uma foto nem conseguiu trabalhar, coitado. Não suportou.**
> **Grande show, fotos malhadas porque foram encontradas há pouco e não tiveram os mesmos cuidados que as outras, nesses anos todos. Mas às vezes o ruim fica bom demais.**

Ao fundo, o fotógrafo tapando os ouvidos!

Rita e Serginho em ação no Teatro Oficina, em uma das inúmeras temporadas.

Arnaldo e o recém-chegado Mellotron trazido por Rita para, mais uma vez, engrandecer o som dos Mutantes. Para entrar no Brasil sem a necessidade de taxar o instrumento, Rita Lee usou de sua sagacidade: saiu do Brasil com uma pianola Hering e simplesmente removeu o logo do "brinquedo" colando na parte traseira do caríssimo sintetizador.

Nas páginas seguintes, em 12 de julho de 1972, o casal Liminha e Leila, com Rita Lee e Lucia Turnbull, embarcaram para o Reino Unido, para merecidas férias. Os Mutantes acabavam de gravar seu último trabalho no estúdio Eldorado, mas foram forçados pela gravadora a lançar o álbum como sendo um disco solo de Rita Lee.

Além de curtirem bastante o velho mundo, Liminha e Rita trouxeram novos equipamentos para Os Mutantes: um Mellotron M400, um Minimoog D, além de pedais e um contrabaixo Burns Baldwin Baby Bison.

Arnaldo, por sua vez, foi para os EUA e trouxe diversos equipamentos para montar a nova aparelhagem de som dos Mutantes, além da famosa Fender Stratocaster que Serginho passou a usar, substituindo sua Regulus nos anos seguintes.

Os ensaios para o VII FIC começaram a todo vapor com a música que havia sido inscrita: "Mande um abraço pra Zélia" – que acabou tendo seu nome alterado para "Mande um abraço pra velha" –, composição de Serginho, Liminha, Rita e Arnaldo. Serginho acabou assumindo o papel de arranjador da canção e principal vocalista da música.

Ensaios exaustivos, dia inteiro, todos os dias... Mágica era a mistura do som com a natureza. Um pouco antes da separação... não me lembro quanto. Afinal, mais de 40 anos se passaram. Me lembro sim, como se fosse hoje, dessa fase tão criativa e cheia de gana, me lembro do som arrepiando, do Arnaldo em sua fase de ouro, meio que comandando o espetáculo. Poucas pessoas tiveram o privilégio de estar nesses ensaios, muito poucas. Aqui o rock brasileiro fez uma história vista por pouco tempo e por poucos... e seguiu em frente com toda a força.

Serginho e seu inseparável violão de 12 cordas Del Vecchio segue dando instruções, enquanto Dinho e Rita ao fundo escutam com atenção.

Leo Shoof (em pé ao fundo) foi o "faz-tudo" do grupo durante anos. Cuidava de cabos, caixas de som, pedais, guitarras, montagem de tudo.

SERGINHO

LIMINHA

Entre as novidades, Liminha estreava seu recém-adquirido Baldwin Baby Bison da inglesa Burns, além de uma série de pedais já citados. Se no LP *Hoje é o Primeiro Dia do Resto da sua Vida* Liminha já deixava clara sua influência pelo baixista Chris Squire, com este baixo de corpo sólido, Liminha fez com que o "pequeno Baldwin" soasse como um Rickenbacker, que viria a ser adquirido meses mais tarde.

Há quem diga que o primeiro registro fonográfico de um Minimoog no Brasil foi em 73, gravado pelo Zé Rodrix na faixa "Fala", do apoteótico grupo Secos & Molhados. Com certeza os biógrafos se esqueceram que "Mande um Abraço pra Velha" foi registrada e gravada um ano antes. Rita pode ser vista empunhando um Minimoog Model D, utilizado por diversos grupos de rock progressivo na Europa.

RITA

ARNALDO ▽

DINHO

Ensaios para o VII Festival Internacional da Canção a todo vapor. Liminha com seu novíssimo Baby Bison, enquanto Sérgio utilizava sua Del Vecchio de doze cordas com circuitos CCDB.

Sabine Shoof (em pé ao fundo), namorada do Serginho na época.

Final de tarde, fim do ensaio... melancolia.

Planejado para ser realizado em Londrina/PR, o festival Colher de Chá acabou sendo realizado na cidade de Cambé, no clube recreativo Cascata.

Com uma aparelhagem renovada e de fazer inveja ao Pink Floyd, Os Mutantes apresentaram seus quase 3 mil watts para o público que compareceu à pacata cidade de Cambé.

Minhas fotos preferidas, nossa senhora, que banho de rock'n'roll! O povo que estava lá era da paz total, não houve nenhum problema, em momento algum. A polícia de Cambé veio dar uma geral, achou alguns baseados, mas liberou todo mundo e deu conselhos... Até isso foi tranquilo. Ninguém bebia nessa época, então tudo era menos violento e mais lisérgico. Foi um festival de dar inveja a qualquer outro. Peninha arrasando na mesa de som improvisada no meio do público, que técnico brilhante! Acredito que foi o primeiro show sem a Rita. Novas fases, nova era do rock. Orgulho dos meus meninos queridos.

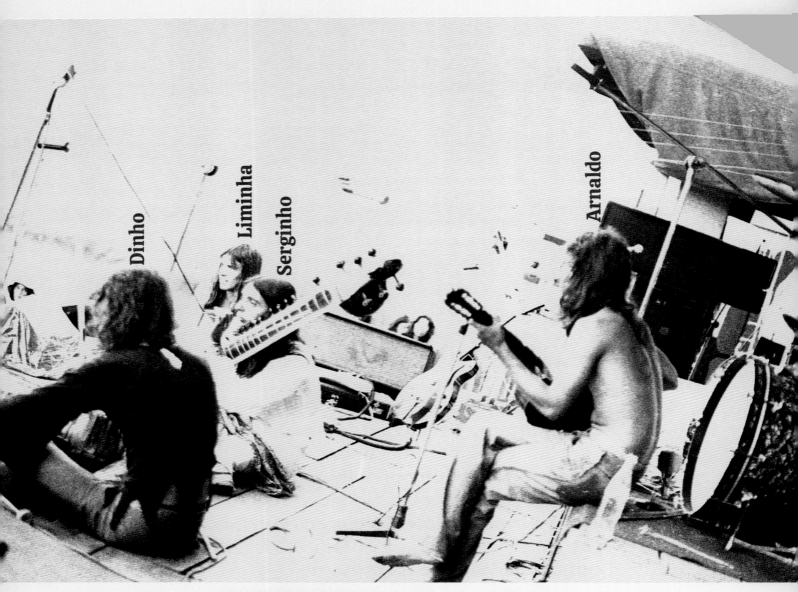

Em um momento acústico durante o show, Serginho é acompanhado pelos demais com seu *sitar*, enquanto Dinho toca a tabla e Arnaldo no violão.

"Você sabe o que eu pensei..." Os Mutantes apresentam canções inéditas do que viria a ser o álbum *O A e o Z*.

Arnaldo pilotando com maestria seu Hammond L100 valvulado! Fora dos teclados, tocava o baixo.

Sérgio e sua emblemática guitarra de ouro – Regulus II!

Liminha passou a utilizar um Rickenbacker 4001, inspirado em baixistas como Chris Squire. Pedais da inglesa Coloursound – Tremolo e Fuzz – para momentos de fúria!

Dinho e sua Ludwig Rock Duo.

Após a saída de Rita, Liminha, que já gravava vocais de apoio em estúdio, passou a fazê-los nas apresentações ao vivo.

PENINHA, NO SOM

Peninha comanda o som dos Mutantes. O grupo foi um dos pioneiros em instalação de uma mesa de som no meio da plateia no Brasil. Este console de áudio foi construído em 40 dias. Projetado e desenvolvido por Cláudio César (irmão mais velho de Arnaldo e Sérgio), com auxílio de Leo Shoof, então roadie do grupo, e Peninha Schmidt, técnico e posteriormente engenheiro de som.

PALÁCIO DAS CONVENÇÕES DO ANHEMBI, São Paulo, maio de 1973

Realizado no Palácio das Convenções do Anhembi, o Phono 73 foi um festival organizado pela Phonogram e reuniu seus principais artistas. Os Mutantes lotaram as cadeiras do Anhembi na primeira noite do festival, realizada no dia 10 de maio. Rita Lee e Lucia Turnbull abriram o espetáculo dos Mutantes lindamente. O povo estava ansioso pela pauleira que viria a seguir com os Mutantes e seus poderosos três mil watts.

Com o novo álbum *O A e o Z* já gravado e mixado, os Mutantes demonstravam certo descontentamento com a direção da gravadora, que vinha postergando o seu lançamento.

Pouco tempo depois, os Mutantes tiveram não só o lançamento do álbum rejeitado, mas o desligamento do selo Polydor, que pertencia à Phonogram. Tal fato fez com que o disco só fosse lançado em 1992, quando o catálogo do grupo foi lançado pela primeira vez em CD.

Foi o primeiro show indoor depois da separação da Rita. Uma fase que terminou e com ela os relacionamentos de todos, Liminha e eu, Dinho e Lili, Sérgio e Sabine... Tudo foi pouco a pouco mudando de rumo. Rita e Lucinha Turnbull, minha comadre... Mãe da minha afilhada amada Alice e madrinha da minha amada filha Pedrita... Lindas na estreia das Cilibrinas do Éden. A mim pareceu um show que mostrou ao mundo do rock as mudanças que houve entre eles e a difícil e triste separação que resultou em caminhos diferentes para todos, com talento de sobra. Lindo show, sentimentos à flor da pele por todos os lados... Som forte e poderoso dos Mutantes... Som belo e acústico das Cilibrinas.
Chorei demais nesse dia, eu sabia que era o fim de uma época que não voltaria mais. Fotos poderosas também.

Rita Lee e Lucinha Turnbull, as Cilibrinas do Éden, abriram o espetáculo dos Mutantes com um público ansioso para o que vinha a seguir, os Mutantes com seus poderosos três mil watts. Lucinha Turnbull e Rita Lee fazem sua primeira – e única(!!) – apresentação na noite de abertura do Phono 73. Ambas pegaram carona no equipamento dos Mutantes, dos violões ao PA. Canções como "Mamãe Natureza" e "Bandido Corazón" fizeram parte do setlist da dupla.

RITA

Mais um "brinquedo" para o set de Arnaldo: um Moog Satellite recém-lançado, sendo mais um recurso para os já elaborados arranjos dos Mutantes.

DINHO

ARNALDO

SERGINHO

A emblemática Fender Stratocaster de Serginho passou a se fazer cada vez mais presente nos shows, tomando o lugar da então inseparável Regulus.

Com diversas passagens instrumentais, Os Mutantes causam furor no Anhembi.

Das centenas de fotos que cedi para editoras, gravadoras e mídia em geral, poucas foram devolvidas. Esta foto foi colocada à venda em leilão sem nossa autorização. Foi devolvida após insistência por nossos advogados, porém queimada.

A ideia do Miscelânea Anos 70 surgiu com a criação de uma pasta de fotos extras, na qual foram incluídas as imagens que estavam deslocadas da sequência do livro. Posteriormente, ao procurar fotos que estavam em baixa qualidade para escanear de novo, fui encontrando mais fotos dos Mutantes, de amigos, de grupos, lembranças que passaram pela minha vida do início até a metade dos anos 70... Tudo isso virou este grande e divertido capítulo. Muita gente não está por aqui, porque não houve tempo nem espaço para colocar mais fotos. Quem sabe em um próximo livro? Mas saibam que ninguém foi esquecido por mim.

No final, ganhamos um encerramento delicioso, com um toque pessoal.

Fotos históricas do casamento de Arnaldo com Rita em 30 de dezembro de 1971. Dinho, padrinho do casamento, ao brindar de terno e gravata (inédito até os dias de hoje).

É um beijo? Virgínia (irmã da Rita) e Serginho conferem.

Comemorando com um abraço apertado.

Clotilde, minha coruja. Dava as boas-vindas a todos. Durante os ensaios da Cia. Paulista de Rock, Dinho acidentalmente deu-lhe uma baquetada. Desde então, Clotilde passou a se comportar como um cachorro.

Várias das roupas usadas por Dinho, Liminha e Serginho eram feitas e bordadas por Sabine, Lilian e eu. Como, por exemplo, essa calça que Dinho veste.

Liminha, Richard e Dinho no apartamento na Alameda Santos.

Zé, apelido do apartamento onde Leila e Liminha moravam na Alameda Santos. Sempre havia muitos amigos, reuniões... porta sempre aberta.

Lili, Thomás, Pereira, Chico, Leila e Liminha, na fazenda da família Álvares.

Lili e Dinho. Lili era a namorada de Dinho na época. Muitas das reuniões da "turma", que é como eram chamados os amigos dos Mutantes, aconteciam na casa e na fazenda da família Álvares. Duas das irmãs Álvares foram namoradas de Serginho e Arnaldo por pouco tempo.

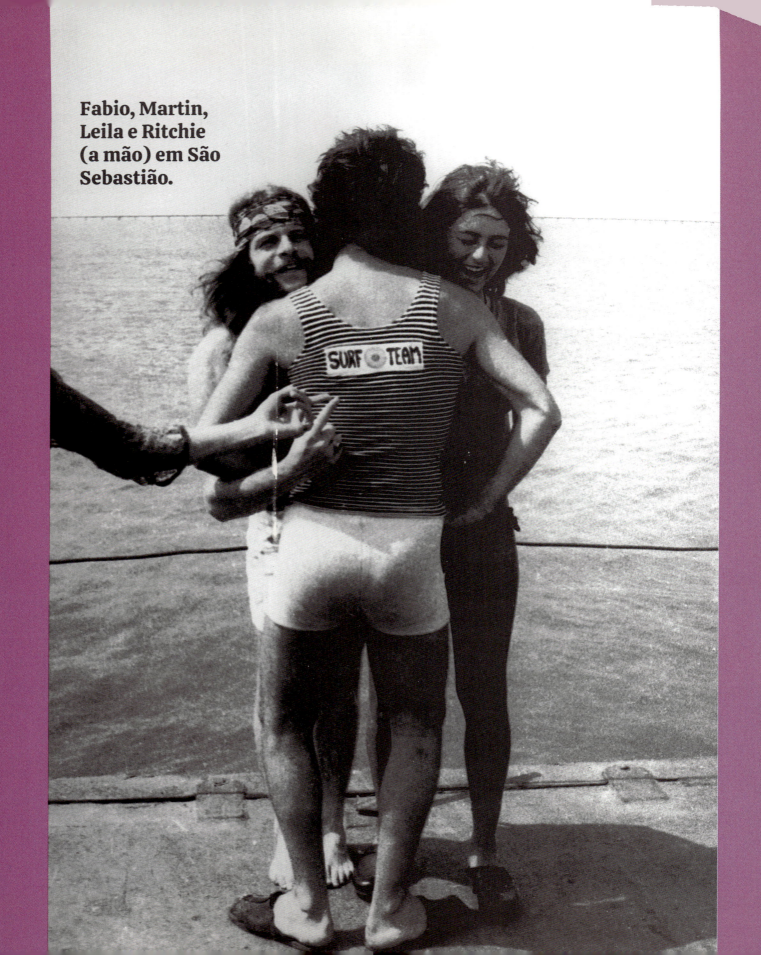

Fabio, Martin, Leila e Ritchie (a mão) em São Sebastião.

Bartô (RIP), músico genial, compositor, multi-instrumento e presença constante. Bartô chegou a tocar teclado na Scaladácida. Uma figura fora do seu tempo, tinha um trio clássico de cordas com a família desde criança e, quando esteve no hospital, ele desenhou o teclado de um piano na mesa pois não conseguia ficar sem compor. Esta foto foi tirada em um sítio de Guararema e podemos ver Ritchie Court ao fundo dando um rolê.

Pereira, amigo de Rancharia, do Dinho e da família Álvares.

Simon Zaidman (RIP), padrinho e amigo até o fim.

Rico, filho da Marcinha.

Marcinha Lancellotti (RIP), presença constante no sítio de Guarapiranga.

Polé, figurinha carimbada, da turma da Gi e Xiri, sempre fazendo peripécias de moto... Mora em Ubatuba e foi piloto de avião por longos anos.

Acima: fotos do show de Guararema, com os 5 mutantes;
Ao lado: Ritchie, Rita, Leila e Lucinha em Londres;
Abaixo: "Fordão" que transportou os Mutantes por muitos anos.

Capa e contracapa da primeira edição de *Loki?*, álbum com fotos de Leila; abaixo, duas das fotos originais.

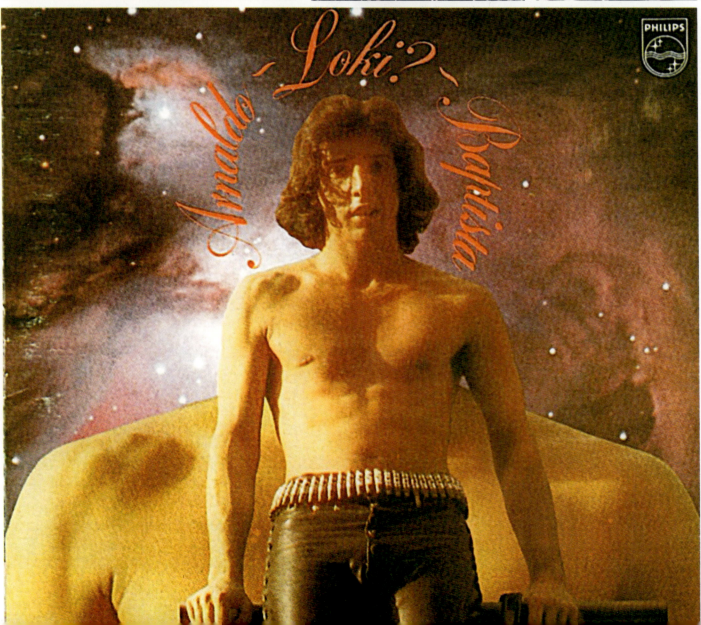

Raríssimo momento da Cia. Paulista de Rock com Erasmo Carlos. Mesma formação que fez sua honrosa apresentação na primeira edição do Hollywood Rock em janeiro de 1975. Sérgio Kaffa, Erasmo Carlos, Rubão Sabino, Dinho Leme, Ion Muniz e Liminha.

Elis, enquanto aguarda nos bastidores para entrar em seguida aos Mutantes no Som Livre Exportação.

Os Mutantes em show do Som Livre Exportação, no Pavilhão de Exposições do Anhembi, em março de 1971.

Foto: Lineu Vitale

Grupo Scaladácida: Ritchie (voz e sopro), Kaffa (baixo), Azael (bateria), Fábio (guitarra). Ao fundo, da esquerda para a direita: Peninha, Alaor, Totinho e Renato Sprada.

Kaffa, Azael (bateria), Ritchie e Fabio Gasparini.

Fabio Gasparini, Scaladácida.

Sérgio Dias, no Teatro Aquarius.

Foto: Tereza Kawall

Sérgio Kaffa com seu baixo Fender.

Ritchie Court, no puro estilo "classic rock" com influência de Jethro Tull.

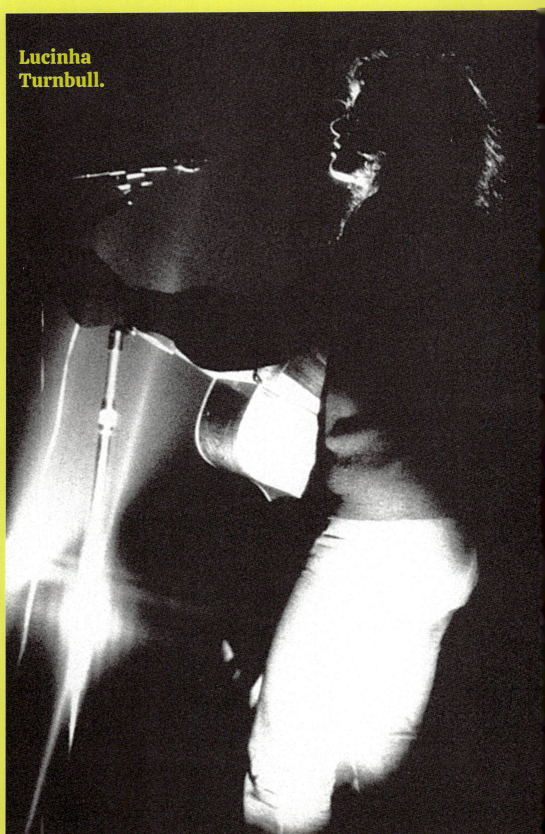

Lucinha Turnbull.

Fotos tiradas durante o Hollywood Rock, em 1975. Página anterior, acima: Erasmo Carlos e Toninho Peticov. À esquerda, abaixo: Rubão Sabino e Liminha.

Show no Anhangabaú pelo aniversário de São Paulo.

Nova York e a grande coincidência

❝ Inacreditáveis essas coincidências na vida. Como é possível três pessoas se encontrarem por acaso, no mesmo dia e hora, no local mais estranho possível, e os três terem os mesmos planos? Era tempo de ditadura no país. Não se achavam no mercado produtos importados, muito menos instrumentos musicais. Sim, tinha um jeitinho caso conhecesse alguém influente, e muita gente conhecia. Veja esta incrível coincidência contada por Lineu Vitale quando, dois dias antes da viagem do Arnaldo aos Estados Unidos para comprar instrumentos novos, se encontram num showroom em São Paulo. ❞

Diretora do teatro em Brooklyn, Candy e Scott Johnson.

Arnaldo tornou-se o centro das atenções. Abaixo com Candy e Hugo: enorme, dócil e obediente.

❝ Eu só precisava de um amplificador para o meu baixo e queria também uma Nikon-F, o top das câmeras na época. Em Nova York tinha tudo e então decidi que iria pra lá de qualquer jeito. Um ou dois dias antes da viagem, fui a um showroom de amplificadores que havia em São Paulo e encontro o Arnaldo, que também precisava comprar instrumentos novos para a banda. Tremenda coincidência. Abraços, papos e tal. Nesse showroom tinha um cara que, pelo sotaque e pelo jeito, só poderia ser americano. Puxei papo.

– Você é americano, não é?
– Sou.
– É músico também?
– Sim, sou cantor clássico formado na Juilliard School, em Nova York.
– Muito prazer. Meu nome é Lineu, toco contrabaixo e vou lá pra tua terra amanhã. Ele responde: muito prazer, meu nome é Scott e eu também vou. E o Arnaldo: eu também vou. Bom, só aí, uma tremenda coincidência. Mas a coisa fica mais incrível ainda. Eu digo: vou num voo fretado pra Miami, fico uns dois dias lá e depois sigo pra Nova York. Os dois respondem quase em uníssono: eu também, eu também.

Pra encurtar a história, estávamos os três no mesmo voo, sentados perto um do outro, e íamos para o mesmo destino. Em Miami, visitamos várias lojas de instrumentos e à noite Playboy Club, famoso na época. Não me lembro quem sugeriu: por que a gente não aluga um carro e vai dirigindo até Nova York? A gasolina era extremamente barata. E lá fomos nós, revezando na direção. Quando saímos de Miami, Arnaldo não tinha mais a guitarra que trazia do Brasil. Achei mais estranho ainda quando ele a deixou embaixo da cama do hotel, mas retirou os decais com marca, número de série, entre outras coisas. Será por quê? E lá fomos, dois mil quilômetros pra bater papo. Scott diz: eu tenho um amigo no Brooklyn e acho que vocês podem ficar lá na casa dele. Fomos recebidos muito bem por Herb Gibson e Candy, sua esposa, que nos convidaram para um coquetel celebrando a união de duas garotas, amigas da família. Casamento gay era coisa raríssima na época. Arnaldo sentou-se ao piano e os convidados pediram música brasileira. Bossa Nova estava no auge. Nos dias seguintes, cada um pro seu lado, Arnaldo fez suas compras e comprei minha Nikon-F. Voltamos para Miami pra pegar o voo de volta ao Brasil. Na chegada, como um passe de mágica, todos os instrumentos passaram pela alfândega sem problemas. Comecei a entender o milagre dos adesivos com marca e número de série.

Nasce daí uma sólida amizade com Scott Johnson que perdura até hoje, e para reforçar os laços de amizade que tinha com Arnaldo, o qual prezo muito e com quem continuo tendo contatos esparsos. Tudo graças a essa tremenda coincidência. "

por Lineu Vitale

Longe dos palcos

" Não se pode dizer que longe dos palcos Os Mutantes levavam uma vida normal, como a de todo mundo. Eram excêntricos, sempre aprontando alguma. Arnaldo entendia muito de mecânica, particularmente de motos, e vivia mexendo em sua BMW e HRD, esta última conhecida por "Viúva Negra". Estava preparando sua BMW para uma viagem aos Estados Unidos pela Panamericana, estrada na costa oeste das Américas que vai da Argentina aos Estados Unidos. Viagem perigosa na época, com guerrilha na América Central, policiais corruptos, perseguição a cabeludos, entre outros perigos. Arnaldo não completou sua viagem devido ao lançamento do novo disco de Os Mutantes, mas valeu até onde foi possível. "

Momentos de descontração longe dos ensaios e shows

" Liminha passa um final de semana na chácara e vinícola do amigo Chico, entre degustações, caminhadas e aprontadas. Chico, que vivia com o grupo e cujo pai era dono desta chácara produtora de vinho, tornou-se mais tarde um excelente médico geriatra. "

**MUTATIS MUTANDIS
OS MUTANTES,
2021**

ARNALDO

Até os dias de hoje, Arnaldo Dias Baptista continua sendo um músico e compositor excepcional, dominando teclado, guitarra e baixo; compondo, pintando e escrevendo. Desde o início dos anos 80 vive com sua esposa Lucinha Barbosa, que ele carinhosamente chama de "minha menina".

Arnaldo dedica muito de seu tempo às artes visuais, com trabalhos exibidos em exposições individuais em espaços renomados, principalmente de 2010 em diante, sempre com grande repercussão na imprensa e curadores como Marcio Harum e Rodrigo Moura.

Arnaldo era o gênio musical dos Mutantes. Em 1993, o maestro Rogério Duprat deixou este depoimento em vídeo para a diretora Patrícia Moran: "Os Mutantes foram a coisa mais importante do Tropicalismo. E ninguém conseguiu deixar isso claro. Mas eu sei bem disso, que a cabeça disso tudo, a cabeça dos Mutantes era o Arnaldo Baptista. Digo e repito: o Arnaldo Baptista é responsável por tudo que aconteceu de 1967 pra frente".

Após a saída da banda, em meados de 1973, Arnaldo tem gravado e produzido álbuns que se tornaram clássicos absolutos da música brasileira, como *Loki?*, *Singin' Alone*, *Elo Perdido*, entre outros, como o *Let It Bed*, lançado em 2004.

Ele é genial.

DINHO

Ronaldo Leme, o Dinho, permaneceu nos Mutantes até setembro de 1973, quando o grupo havia recém contratado o tecladista Tulio Mourão, para o lugar do incrível Manito.

Dinho ainda participou - ao lado de Liminha - da Cia. Paulista de Rock, banda de apoio do tremendão Erasmo Carlos.

Logo após a tour do álbum *Projeto Salva Terra*, Dinho resolve se dedicar ao trabalho de assessoria de imprensa automobilística, ao lado do irmão Reginaldo Leme. Foram anos mundo afora indo de fórmula Truck, Stock Car e F1.

Em 2006, aceitou o convite para retomada dos Mutantes e permaneceu no grupo até 2012. Desde o retorno da banda, foram centenas de shows e dois álbuns de estúdio gravados: *Haih ou Amortecedor* e *Fool Metal Jack*.

Em 2015, Dinho Leme esteve presente no lançamento da primeira edição do livro *A Hora e a Vez* e chegou a tocar duas canções com a banda Top Top - que fazia o tributo no dia da festa. A cantora Bia Mendes também subiu ao palco para completar a festa.

Hoje está aposentado em seu sítio, levando uma vida pacata e cuidando de seus investimentos feitos durante os anos em que esteve em atividade.

❞ Moro em Paúba, onde sempre desejei e fui cuidando de uma casinha, um sítio e um terreno para investimentos.

Uma hora senti que os 70 anos bateram - vou fazer 73 nesse ano - e comecei a trazer algumas coisas para a minha casinha, que eu já tinha há quase 40 anos. Vi que havia chegado o momento de entregar meu apê e vir para cá.

Comecei a trabalhar no que tinha. Muito trabalho e em 1 ano consegui fazer meus terrenos renderem alguma coisa. Hoje só trabalho nisso. Sinto muitas saudades de amigos do rock e automobilismo, mas hoje o barato é aqui.

Ainda agora com minha filha Joanna, genro e meus dois netos. Às vezes solidão, mas seria maior em São Paulo.

Minha ideia ainda é montar a Ludwig e a DW uma em frente da outra. Tenho pensado muito nisso e vou trazer logo. Daí ou você dorme comigo ou na sala com as bateras. Ahahahaha beijo e estou à disposição. ❞

LIMINHA

Arnolpho Lima Filho, Liminha, se tornou um dos mais importantes e renomados produtores musicais do país.

Porém, antes de começar sua longeva e frutífera carreira como produtor musical, permaneceu nos Mutantes até meados de 1974, quando saiu do grupo poucos meses antes da gravação do álbum *Tudo Foi Feito Pelo Sol*. Liminha assina a coautoria de 4 das 7 canções do álbum. Nesse mesmo período, gravou o álbum *Loki?*, de Arnaldo Baptista, e participou de álbuns e shows de uma constelação de artistas como Raul Seixas, Erasmo Carlos, Som Nosso de Cada Dia, Raimundo Fagner e Gilberto Gil. Entre uma sessão e outra, Liminha aceitou o convite para assumir o cargo de diretor artístico na Warner. Com isso, Liminha migrou de vez para o Rio de Janeiro, onde reside desde então.

Produziu discos para uma série de artistas desde o fim dos anos 70 até os dias atuais. Entre eles: Frenéticas, Banda Black Rio, Ritchie, Paralamas do Sucesso, Raul Seixas, Barão Vermelho, Lulu Santos, Natiruts, Vanessa da Mata, Marina Lima, Paula Toller e outros (incluindo o filho do Ringo Starr, Zack Starkey).

Com os Titãs, a sinergia era tão grande que Liminha era praticamente um integrante da banda, participando tanto das apresentações ao vivo, como dirigindo o período mais cultuado do grupo.

Paralelamente aos estúdios mundo afora, Liminha também atua como produtor e diretor musical de eventos como Nivea Viva Rock Brasil, que circulou o país por alguns anos, também recheado de artistas de alto calibre da música brasileira.

O inquieto Liminha também é guitarrista da banda de surf music The Silva's, ao lado de João Barone e André Palmeira Cunha.

Também é proprietário e fundador do emblemático estúdio Nas Nuvens, com sede no Rio de Janeiro. Recentemente ganhou uma série no canal Arte1, onde são lembradas as histórias das gravações de várias gemas da música brasileira.

Uma pessoa do bem!

SERGINHO

Sérgio Dias Baptista continua sendo considerado um grande guitarrista, mora no estado de Nevada, nos Estados Unidos, e seguiu liderando os Mutantes desde a saída de Arnaldo, ainda em 1973, até os dias atuais.

Criou algumas formações do grupo, tendo excelente expressividade nacional quando se deu o lançamento do álbum *Tudo Foi Feito Pelo Sol.*

Após esse lançamento e o encerramento do grupo em 1978, ele continuou com sua carreira como guitarrista, requisitado por vários artistas de renome.

Quando o Barbican Center fez um grande evento sobre a Tropicália em 2006, os Mutantes foram convidados para uma reunião inédita de encerramento. Sérgio Dias capitaneou a improvável reunião da banda, que tocou lindamente em Londres, com Arnaldo, Dinho, Zélia Duncan e um time de músicos de excelência. Depois de cumprida uma série de apresentações, Arnaldo voltou para sua carreira solo e sua arte, assim como Zélia Duncan.

Desde então, Sérgio Dias continua sob o nome Mutantes em turnê, com novas formações, se apresentando pelos quatro cantos do mundo.

Fotos Maurício Pio - Ovelha Negra Fã Clube

RITA LEE JONES

Rita Lee, ao se desligar dos Mutantes, seguiu uma carreira de sucesso, colecionando hits. Sua primeira experiência foi com Lucia Turnbull, o dueto Cilibrinas do Éden, que durou apenas um show. Em seguida, se une a músicos de peso para formar o Tutti Frutti, grupo com o qual gravou durante cinco anos. Mas foi com o marido Roberto de Carvalho que criou seus maiores hits.

Em 2012, Rita anunciou sua aposentadoria dos palcos, mas não da arte. Desde então, vive reclusa em seu sítio, cercada de mato e de bichos, ao lado do marido, dos filhos Beto, João e Antonio, dos netos Isabella e Arthur.

Ativista da causa animal, hoje se autodefine como a mistura da Vovó Donalda com Dercy Gonçalves.

O fato é que Rita atravessou os anos e as décadas produzindo arte e se consagrou como uma grande estrela da música brasileira.

Equipe que contribuiu para o conteúdo do livro. Foto: Bolívia & Cátia Rick

AGRADECIMENTOS

Em primeiro lugar, quero agradecer demais aos Mutantes em sua formação dos anos 1970: Dinho, Arnaldo, Liminha, Rita Lee e Sérgio Dias, por me autorizarem a utilizar suas imagens.

Lucinha e Arnaldo, vocês foram minha força motora na primeira edição deste livro. Eu os respeito demais pela sua força e coragem. Muito obrigada!!

Liminha, lindo prefácio, amigo querido. Nosso encontro lá em 1969 foi inspirador, cheio de alegrias e amor do mais puro. Essas fotos traduzem tudo isso. Obrigada.

Obrigada Dinho Leme, por existir na minha vida e pelos momentos de alegria que passamos juntos, longa caminhada! Nossa amizade permaneceu e segue inabalável durante esses 50 anos...

Serginho Dias, meu eterno Kierrr... sempre presente na minha vida! Thank you so much!

Agradeço ao time de frente da Rita Lee por me deixar à vontade para usar todas as fotos que cliquei com o maior amor.

Mauricio Pio, você faz parte deste livro também e sempre fará parte dos amigos mais legais e especiais que tenho!! Vai, Corinthians!

Lineu, eternamente grata por sua ajuda fundamental nesta nova edição, eternamente grata por sua amizade e apoio.

Dado Nunes, o que mais falar sobre você, meu amado? Músico de primeira (baixista) e Mutantólogo... um expert em Mutantes tanto na sua história quanto no conhecimento inigualável de todos os detalhes técnicos, instrumentais e por aí vai. Seguiu me assessorando nesta nova edição. Obrigada Dado, Anne e Nicolas!

Simoni Bampi, companheira incansável, divulgadora de primeira, trabalhou sem parar até atingirmos nossa meta e publicarmos o primeiro *A Hora e a Vez*. Segue conosco e vamos em frente...

Percy Weiss (RIP), você adoraria esta edição! Saudades eternas.

Sabine Shoof, Lucia Turnbull, Lilian Turnbull e Tereza Kawal... as meninas poderosas da Mutantolândia.

Nossa amizade é eterna.

Famílias Lisboa e Sznelwar, obrigada pelo apoio e pela força... Amo todos vocês!

Sua compra tem um propósito.

Saiba mais em
www.belasletras.com.br/compre-um-doe-um

Este livro foi composto em Subpear e impresso em papel couchê pela gráfica Impress em junho de 2021.